thank you for joining us

in celebrating our

50th Wedding Anniversary!

Your presence means the

world to us!

Name   Guests   Wishes

1970
Those Were the Days

New House	$23,400.00
Average Income	$9,400.00
New Car	$3,450.00
Gallon of Gas	36 cents
Us Postage Stamp	6 cents
Movie Ticket	$1.55
Dozen Eggs	59 cents
Loaf of Bread	25 cents
Gallon of Milk	$1.15
Frozen TV Dinner	39 cents

Name   Guests   Wishes

Name Guests Wishes

Name Guests Wishes

Name   Guests   Wishes

Name   Guests   Wishes

Name ~ Guests ~ Wishes

Name   *Guests*   Wishes

Name

Guests

Wishes

Name   Guests   Wishes

Name   # Guests   # Wishes

Name

Guests

Wishes

Name   *Guests*   Wishes

Name

Guests

Wishes

Name   Guests   Wishes

Name

Guests

Wishes

Name   Guests   Wishes

Name Guests Wishes

Name   *Guests*   *Wishes*

Name   *Guests*   Wishes

Name

Guests

Wishes

Name　　　Guests　　　Wishes

Name   Guests   Wishes

Name　　　Guests　　　Wishes

Name

Guests

Wishes

Name

Guests

Wishes

Name   Guests   Wishes

Name Guests Wishes

Name

Guests

Wishes

Name · Guests · Wishes

Name   *Guests*   Wishes

Name

Guests

Wishes

Name

Guests

Wishes

Name   Guests   Wishes

Name

Guests

Wishes

Name   Guests   Wishes

Name   *Guests*   *Wishes*

Name   Guests   Wishes

Name   Guests   Wishes

Name · Guests · Wishes

Name   Guests   Wishes

Name Guests Wishes

Name

Guests

Wishes

Name   *Guests*   Wishes

Name   Guests   Wishes

Name   Guests   Wishes

Name

Guests

Wishes

Name

Guests

Wishes

Name

Guests

Wishes

Name

Guests

Wishes

Name   Guests   Wishes

Name Guests Wishes

Name   *Guests*   Wishes

Name　　Guests　　Wishes

Name

Guests

Wishes

Name   Guests   Wishes

Name

Guests

Wishes

Name   Guests   Wishes

Name   Guests   Wishes

Name Guests Wishes

Name   Guests   Wishes

Name   Guests   Wishes

Name   Guests   Wishes

Name Guests Wishes

Name   *Guests*   Wishes

Name

Guests

Wishes

Name

Guests

Wishes

Name Guests Wishes

Name Guests Wishes

Name   Guests   Wishes

Name

Guests

Wishes

Name   Guests   Wishes

Name

Guests

Wishes

Name

Guests

Wishes

Name

Guests

Wishes

Name ・ Guests ・ Wishes

Name   Guests   Wishes

Name   Guests   Wishes

Name

Guests

Wishes

Name   *Guests*   *Wishes*

Name

Guests

Wishes

Name   Guests   Wishes

Name   *Guests*   *Wishes*

Name Guests Wishes

Name

Guests

Wishes

Name   Guests   Wishes

Name   Guests   Wishes

Name   Guests   Wishes

Name

Guests

Wishes

Name   Guests   Wishes

Name   Guests   Wishes

Name   Guests   Wishes

Name   Guests   Wishes

Name   Guests   Wishes

Name   Guests   Wishes

Name

Guests

Wishes

Name

Guests

Wishes

Name · Guests · Wishes

Name   Guests   Wishes

Name

Guests

Wishes

Name Guests Wishes

Name · *Guests* · Wishes

Name

Guests

Wishes

Name Guests Wishes

Name

Guests

Wishes

Name　　Guests　　Wishes

Name

Guests

Wishes

Name Guests Wishes

Made in the USA
Middletown, DE
05 October 2022